Inhaltsverzeichnis

Vorwort

Für Kinder ist der Garten eine ansprechende Umgebung, in der sie mit allen Sinnen lernen und ihre Umwelt aktiv begreifen können. Die Kinder können selbst Samen aussäen, die Pflanzen beim Wachsen bestaunen und Tiere beobachten. Naturmaterialien können kreativ verarbeitet werden. Diese Projektmappe bietet zahlreiche praktische und anregende Ideen, sich mit dem Thema Garten auseinanderzusetzen. Dabei werden alle zehn Bildungsbereiche angesprochen.

Es werden Gartenlieder gesungen und Fingerspiele durchgeführt. Bastelangebote mit verschiedensten Materialien schulen die Sinneswahrnehmung und Feinmotorik der Kinder. Viele der Angebote werden mit einfachen Alltagsmaterialien umgesetzt.
Die Kinder lernen verschiedenste Obst- und Gemüsesorten aus dem Garten und wichtige Werkzeuge kennen. Sie können einen eigenen Kistengarten anlegen und Regenwürmer beobachten. Spielerische Aufgaben mit Naturmaterialien regen die Kinder zur Auseinandersetzung mit ersten Zahlen und Formen an. Auch Rezepte mit Gemüse und Obst aus dem Garten können ausprobiert werden. Vielleicht haben Sie auch Lust, ein Gartenfest mit der Gruppe und den Eltern zu planen?

Außerdem gibt es verschiedenste Wahrnehmungs- und Bewegungsaufgaben zum Thema für drinnen und draußen. Mehrere Projekte schulen zudem die Sozialkompetenzen der Kinder, da diese gemeinsam durchgeführt werden.

Jede Aktion enthält eine Altersangabe und eine Angabe zum Bildungsbereich, sodass Sie die Projekte und Arbeitsblätter gezielt mit der ganzen Gruppe oder mit Teilgruppen durchführen können. Außerdem enthält jede Seite eine Arbeitsanleitung, eine Materialliste, Tipps und evtl. eine Kopiervorlage.

Ich wünsche Ihnen eine tolle Gartenzeit mit diesem Projekt!
Svenja Ernsten

Hinweis: Liebe Fachkraft, wir möchten in unseren Materialien niemanden benachteiligen oder diskriminieren. Daher nutzen wir unter anderem das Gendersternchen, um alle Geschlechter anzusprechen. Im Folgenden verzichten wir jedoch aus Gründen der besseren Lesbarkeit darauf und nutzen weiterhin entweder die „neutrale" Form oder Doppelformen. Selbstverständlich sind stets alle Geschlechter gemeint.

Vorbemerkungen und Arbeitshinweise

Zu den verwendeten Symbolen

Bildungsbereiche (jeweils das äußerste Symbol oben rechts auf den Arbeitsblättern):

 Sprachliche Bildung

 Musikalische Bildung

 Ästhetische Erziehung

 Umwelt-, Sach- und Naturbegegnung

 Gesundheit und Ernährung

 Mathematische Bildung

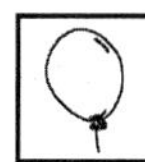 Feste und Feiern

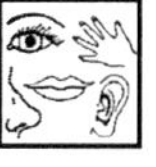 Wahrnehmung und Entspannung

 Körpererfahrung und Bewegung

 Sozialerfahrungen

Sonstige Symbole:

 geeignet für die Begabtenförderung

 für unter 3-Jährige geeignet

Layout:

- Die Seiten mit dem **Gras** im Layout unten rechts sind für Sie gedacht.

- Die Seiten mit der **Blume** unten rechts sind Arbeitsblätter, die direkt mit den Kindern bearbeitet werden können.

Allgemeine Hinweise zur Organisation und Durchführung

Zum Umgang mit den Arbeitsblättern:
Bevor die Kinder die Arbeitsblätter bearbeiten, ist es sinnvoll, die Aufgabenstellung mit den Kindern zu besprechen. Hierfür eignen sich auch kleinere Gruppen. Für die Aufbewahrung der Arbeitsblätter gibt es verschiedene Möglichkeiten:

- Ablagefächer (alternativ unifarben gestaltete Deckel von Kopierkartons): Die Kinder haben so freien Zugriff auf die darin sortierten Arbeitsblätter und können ihre Aufgaben selbst auswählen.
- Jedes Kind verfügt über einen Schnellhefter, in den Sie regelmäßig nach Alter und Entwicklungsstand ausgewählte Arbeitsblätter (z. B. zwei Arbeitsblätter pro Woche) einheften oder gemeinsam mit dem Kind aussuchen. Die Kinder wählen den Zeitpunkt der Bearbeitung entweder frei oder es gibt festgelegte Zeiten, innerhalb derer ein Kind seine Arbeitsblätter bearbeiten kann.
- Die fertiggestellten Arbeitsblätter werden im Schnellhefter oder in einer Sammelmappe / einem Sammelordner abgeheftet bzw. gehören als Anlage zur Bildungsdokumentation oder zum Portfolio.
- Es empfiehlt sich, außerdem einen Schuhkarton für andere gefertigte Objekte anzulegen.

Einstieg in das Thema:
Als Einstieg können Sie mit den Kindern das Buch „Lotta entdeckt die Welt im Garten“ von Sandra Grimm aus dem Ravensburger Verlag lesen. Die Kinder können von ihren eigenen Erfahrungen im Garten berichten und erzählen, welche Pflanzen und Tiere sie aus dem Garten bereits kennen. In eine Holzkiste, die zuvor mit Folie ausgelegt wurde, können die Kinder etwas Erde füllen. In die Erde können kleine Pflanzen gesetzt werden.

Außerdem kann der Garten mit Moos, Steinen und kleinen Holzstücken dekoriert werden. Abschließend können in den Garten kleine Spielfiguren und Tiere gestellt werden.

Erstellen einer Themenecke:
Wählen Sie einen Bereich im Gruppenraum aus, den Sie passend zum Thema gestalten. Hier können Sie Bücher und Spiele zum Thema auslegen. Auch Tierfiguren von Gartentieren können Sie in dieser Ecke bereitlegen. Außerdem können Sie verschiedene Obst- und Gemüsesorten aus Holz zum Zerschneiden anbieten. Der Bereich sollte für die Kinder frei zugänglich sein, sodass sie in Freispielphasen Materialien auswählen und mit diesen spielen können. Auch die Ergebnisse und Bastelarbeiten der Kinder aus der Projektarbeit können rund um diesen Bereich ausgestellt werden.

Literaturhinweise und Internetadressen:
Kinderbücher:
Patricia Mennen: Wieso? Weshalb? Warum? Wer lebt im Garten? Ravensburger Verlag, Ravensburg 2013.
Andrea Weller-Essers: Was ist Was Kindergarten. Im Garten, Tessloff Verlag, Nürnberg 2020.
Axel Scheffler: Sam pflanzt Sonnenblumen, Beltz und Gelberg Verlag, Weinheim 2023.
Monika Lehner: Im Garten mit Emma und Paul. Kamishibai Bildkartenset, Don Bosco, München 2023.
Flora Becker: Gartenbuch für Kinder, Schwager und Steinlein, Köln 2020.
Liv Gosling: Das Mitmachbuch für Topf, Beet und Kasten, DK Verlag, München 2024.

Internetadressen:
www.labbe.de/Life-Hacks-fuer-Kinder/Raus-in-die-Natur/Im-Garten/
www.youtube.com/watch?v=724sH7IWKOg („In meinem Garten“ von Reinhold Pomaska)
www.lsk-kleingarten.de/raetsel-kinder/
www.ogv-landsberied.de/flori-die-kinderseite

Tipps und Anregungen zu den einzelnen Angeboten

Zu „Obst- und Gemüse aus dem Garten“, S. 7:
Zeigen Sie den Kindern in einem Sachbuch (z. B. „Kiwi, Kürbis, Kokosnuss. 100 x Obst und Gemüse“ von Virginie Aladjidi, Gerstenberg, Hildesheim 2001), wie die Gemüse- und Obstsorten wachsen. Die Kinder können die Kopiervorlage abschließend selbst in den passenden Farben ausmalen.

Zu „In unserem Garten, da sitzt ein Amselchen“, S. 9:
Zeigen Sie den Kindern ein Foto einer Amsel und lassen Sie sie erklären, warum die Amsel im Lied „schwarzer Peter“ genannt wird.

Zu „In meinem kleinen Apfel“, S. 10:
Schneiden Sie die Äpfel in kleine Stücke und lassen Sie die Kinder diese probieren. Sie können auch gemeinsam eine Speise aus Äpfeln herstellen, zum Beispiel Apfelmus oder Apfelkuchen.

Zu „Kressegarten“, S. 15:
Für die Kressegärten können die Kinder von zu Hause leere Milchkartons mitbringen. Dazu sollten die Eltern frühzeitig über die geplante Bastelaktion informiert werden. Es muss darauf geachtet werden, dass die Kartons zuvor gründlich ausgespült werden. Die Kressegärten können die Kinder mit nach Hause nehmen. Probieren Sie etwas Kresse gemeinsam. Sie können mit der Kresse auch bei einem gemeinsamen Frühstück Brote verzieren.

Zu „Gartenleuchten“, S. 16:
Für die Gartenleuchten können die Kinder von zu Hause leere Marmeladengläser mitbringen. Dazu sollten die Eltern frühzeitig über die zukünftige Bastelaktion informiert werden.

Zu „Vom Samen zur Sonnenblume“, S. 19:
Zeigen Sie den Kindern ein Sachbuch, in dem die Entwicklung der Sonnenblume beschrieben und durch Bilder illustriert wird, zum Beispiel „Franz Anton und die Sonnenblumen“ von Gottfried Jaufenthaler, Ibera Verlag, Wien 2002. Zu diesem Buch gibt es auch ein Hörspiel, das die Kinder sich anhören können.

Zu „Gartengeräte-Domino“, S. 20:
Betrachten Sie mit den Kindern Gartengeräte. Lassen Sie die Kinder diese benennen und beschreiben, wofür sie verwendet werden.

Zu „Einen Kistengarten anlegen“, S. 21
Dieses Angebot soll die Kinder dazu motivieren, selbst Obst- oder Gemüse anzubauen.
Die Anleitung enthält Bilder, sodass die Kinder die Aufgabe möglichst selbstständig umsetzen können. Für die Kisten eignen sich Tomaten, Radieschen, Salat, Karotten oder Erdbeeren. Es können Obst- oder Weinkisten verwendet werden. Diese können die Kinder vorab mit Acrylfarben anmalen. Durch das Besprühen mit Klarlack wird die Farbe wetterfest.

Zu den Rezepten im Bereich „Gesundheit und Erziehung“, ab S. 23:
Bitte achten Sie auf eventuelle Allergien oder Lebensmittelunverträglichkeiten bei den Kindern.

Zu „Wie viele Beine sind es?“, S. 26:
Die Kinder können die Tiere benennen und in den passenden Farben anmalen.

Zu „Schnecke“, S. 32:
Die Schnecke kann mehrmals mit verschiedenen Farben nachgespurt werden. Dabei starten die Kinder beim Punkt. Der Stift sollte möglichst wenig abgesetzt werden.

Ideen für weitere Angebote zum Thema:
- Die Kinder können Kartoffeln oder Möhren zum Stempeln mit Wasserfarben benutzen.
- Gemeinsam wird das Bewegungslied „Der Apfelbaum“ gesungen und die Bewegungen dazu gemacht *(www.youtube.com/watch?v=jXxEuFjx43I)*.
- Das Lied „Hört ihr die Regenwürmer husten?“ von Bernd Stelter wird gemeinsam gesungen.
- In kleinen Gruppen wird das Spiel „Obstgarten“ von Haba gespielt.
- Aus Kisten, alten Reifen und Brettern kann im Garten eine Bewegungsbaustelle zur Förderung der Motorik aufgebaut werden.
- Die Kinder können ausprobieren, sich wie Tiere fortzubewegen (fliegen, krabbeln, kriechen, hüpfen, flattern, klettern).
- Steine können mit Wasserfarben bemalt oder als Marienkäfer oder Bienen gestaltet werden.

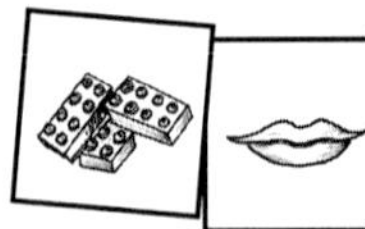

Liebe Sonne, komm heraus (ab 2 Jahren)

Material:
Gedicht (s. u.)

Arbeitsanleitung:
1. Tragen Sie den Kindern das Gedicht langsam vor.
2. Danach sprechen die Kinder den Text mit.

Text: Volksgut

Liebe Sonne, komm heraus,
komm aus deinem Wolkenhaus!
Schick den Regen weiter,
mach den Himmel heiter!
Liebe Sonne, komm heraus,
komm aus deinem Wolkenhaus!

In die Hecke auf das Ästchen (ab 2 Jahren)

Material:
Gedicht (s. u.).

Arbeitsanleitung:
1. Die Kinder drehen ihre Hände so, dass die inneren Handflächen nach oben zeigen. Dann formen sie aus ihren Händen ein Nest, indem sie die kleinen Finger und die Handkanten aneinanderdrücken. Die übrigen Finger werden dabei leicht nach innen gebogen. Dann legen sie die beiden Daumen nach innen auf die Handinnenflächen.
2. Wenn die Küken geschlüpft sind, strecken die Kinder beide Daumen nach oben.

Text: Volksgut

In die Hecke auf das Ästchen
baut ein Vogel sich ein Nestchen.
Legt hinein zwei Eierlein,
brütet aus zwei Vögelein.
Rufen die Kinder: „Piep, piep, piep,
Mütterlein, wir haben dich lieb."

BVK • Svenja Ernsten: Kita aktiv „Projektmappe Unser Garten"

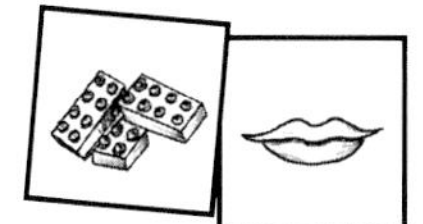

Ich lag im Garten und schlief (ab 2 Jahren)

Material:
Reim (s. u.), Kunstblumen, 1 Matte

Vorbereitung:
Legen Sie die Matte auf den Boden und verteilen Sie die Kunstblumen um die Matte.

Arbeitsanleitung:
1. Tragen Sie den Kindern den Reim langsam vor. Fügen Sie zwei verschiedene Namen ein.
2. Danach sprechen die Kinder den Reim mit.
3. Nun kann der Reim als Kreisspiel gestaltet werden. Ein Kind legt sich dafür in die Mitte.
4. Es tut so, als ob es schläft. Wenn sein Name im Reim genannt wird, erwacht es.
5. Dann sammelt es die Blumen ein und bringt sie dem genannten Kind.

Danach können wieder zwei Kinder in die Mitte.

Ich lag im Garten und schlief,
da kam ein Täubchen und rief:
„… du sollst erwachen
und sollst der/dem …
ein Sträußchen machen."

Text: Volksgut

Obst und Gemüse aus dem Garten (ab 3 Jahren)

Material:
Kopiervorlage „Leckeres aus dem Garten" (s. S. 8) Stifte, 1 Schere, evtl. 1 Laminiergerät und -folie

Vorbereitung:
Die Bildkarten werden kopiert, angemalt und ausgeschnitten. Um die Karten haltbarer zu machen, können sie zusätzlich laminiert werden.

Arbeitsanleitung.

1. Legen Sie die Karten im Stuhlkreis aus. Beschreiben Sie nacheinander jeweils eine Obst- oder Gemüsesorte:
   „Es ist rot und rund." (Tomate)
   „Es ist oft sehr groß und orangefarben." (Kürbis)
   „Es ist grün, gelb oder rot und hat ein Kerngehäuse." (Apfel)
   „Es ist lila und rundlich." (Pflaume)
   …
2. Die Kinder zeigen auf die passende Karte und benennen das Obst oder Gemüse.
   Die Karten können auch nach den Farben oder nach Obst und Gemüse geordnet werden.

Bildkarten „Leckeres aus dem Garten“ (ab 3 Jahren)

Zungenbrecher (ab 4 Jahren)

Material:
Zungenbrecher (s. u.)

Arbeitsanleitung:
Sprechen Sie den Kindern die Zungenbrecher nacheinander langsam vor.
Üben Sie die Zungenbrecher dann stückweise mit den Kindern ein.

Auf dem Rasen rasen Hasen,
atmen rasselnd durch die Nasen.

Zwischen zwei Zwetschgenzweigen
zwitschern zwei Schwalben.

Schnecken erschrecken,
wenn Schnecken an Schnecken lecken,
weil zum Schrecken vieler Schnecken
Schnecken nicht schmecken.

In unserem Garten, da sitzt ein Amselchen (ab 2 Jahren)

Melodie: traditionell nach „Am Weihnachtsbaume die Lichter brennen“
Text: Volksgut

In uns - rem Gart - ten, da sitzt ein Am - sel - chen der schwar-ze Pe - ter, der singt ein Lied.

Singt im - mer Tü - de - lü - de - lü und ich sing lei - se mit.

Singt im - mer Tü - de - lü - de - lü und ich sing mit.

In meinem kleinen Apfel (ab 2 Jahren)

Material:
Lied „In meinem kleinen Apfel“ (s. u.), Äpfel, 1 Messer, Buntstifte, Papier in DIN A4

Arbeitsanleitung:
Das Lied wird gemeinsam im Stuhlkreis gesungen.
Schneiden Sie mehrere Äpfel quer durch und geben Sie diese herum.
Lassen Sie die Kinder die Kammern des Kerngehäuses zählen, wenn die teilnehmenden Kinder schon alt genug sind.
Jüngere Kinder können beschreiben, was sie sehen.
Die Kinder können danach auf einem Blatt Papier ein Bild zum Lied malen.

In meinem kleinen Apfel

Melodie: Wolfgang Amadeus Mozart
Text: Volksgut

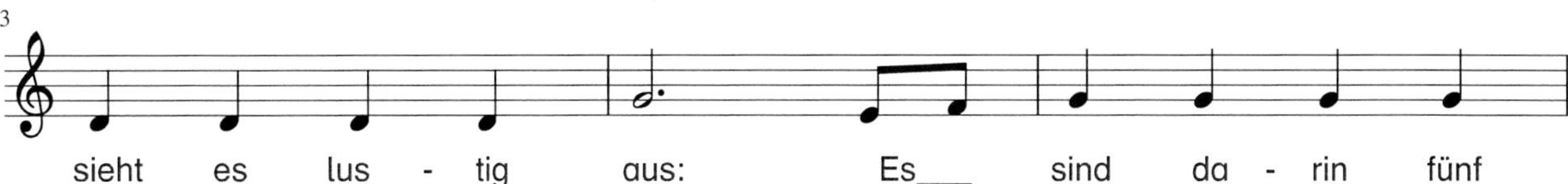

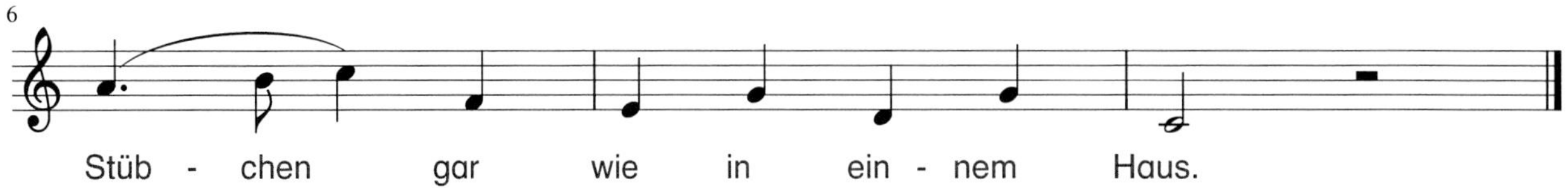

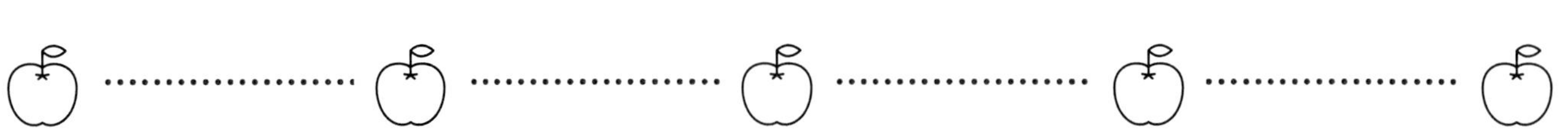

Trarira, der Sommer, der ist da! (ab 2 Jahren)

Melodie: Ludwig Erk, Carl Maria von Weber
Text: Volksgut

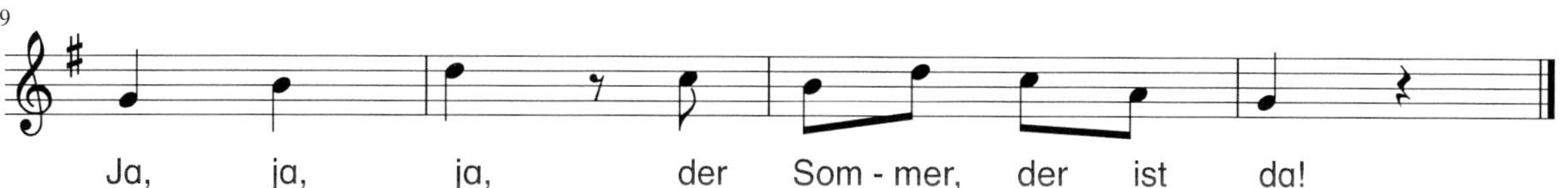

2. Trarira, der Sommer, der ist da!
   Wir wollen hinter die Hecken
   und woll'n den Sommer wecken.
   Ja, ja, ja, der Sommer, der ist da!

3. Trarira, der Sommer, der ist da!
   Der Sommer hat gewonnen,
   der Winter hat verloren.
   Ja, ja, ja, der Sommer, der ist da!

Im Garten steht ein Schneemann (ab 2 Jahren)

Material:
1 Stock, evtl. 1 weiße Schürze

Arbeitsanleitung:
1. In der Mitte des Stuhlkreises steht ein Kind mit einem Stock. Das Kind spielt einen Schneemann.
2. Es tut so, als ob es mit dem Stock droht.
3. Die anderen Kinder tanzen um den Schneemann herum.
4. Bei der zweiten Strophe lässt der Schneemann seinen Stock fallen.
5. Danach lässt sich der Schneemann ebenfalls vorsichtig auf den Boden fallen.
6. Die anderen Kinder tanzen noch einmal um ihn herum.
7. Das Kind, das den Schneemann gespielt hat, darf ein neues Kind für diese Rolle aussuchen.

Melodie: traditionell nach „Ein Männlein steht im Walde“
Text: Volksgut

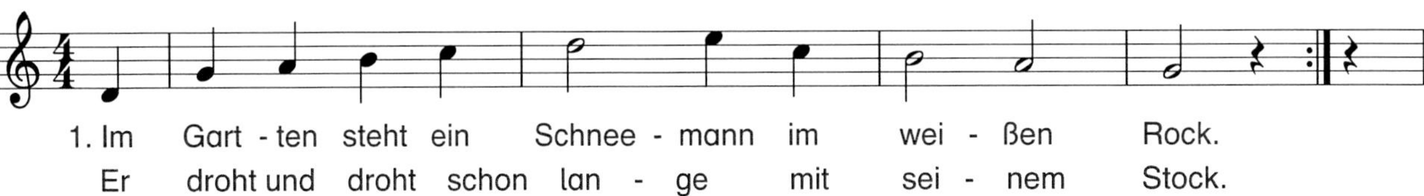

2. Da scheint die liebe Sonne, sie scheint so warm.
Dem Schneemann fällt vor Schrecken der Stock aus dem Arm.
Und auf einmal, oh wie dumm,
fällt der ganze Schneemann um.
Wir tanzen vor Vergnügen im Kreis herum.

Walnussklapper (ab 2 Jahren)

Material:
Walnüsse, 1 Nussknacker, 1 Tonkartonstreifen (ca. 16 x 4 cm), 1 Heißklebepistole

Vorbereitung:
Die Kinder knacken die Walnüsse mit Ihrer Hilfe, sodass jeweils zwei Nusshälften für jedes Kind entstehen. Wenn die Kinder möchten, können sie die Walnüsse essen.
Achtung: Achten Sie hier unbedingt auf eventuelle Nussallergien!

Arbeitsanleitung:
Die Kinder falten den Tonkartonstreifen in der Mitte zusammen.
Auf die Innenseiten der Streifen wird an die äußeren Enden mit Heißkleber jeweils mit der offenen Seite auf den Tonkarton eine Walnusshälfte geklebt.

Um die Nussklapper zu benutzen, halten die Kinder die Klapper zwischen dem Daumen und den anderen Fingern und erzeugen Töne, indem sie die Wallnussschalen aufeinanderklappern.

Walnussrassel (ab 4 Jahren)

Material:
5 Walnüsse pro Kind, 1 Nussknacker, Reis, 1 Ast pro Kind, Schnüre, 1 Heißklebepistole

Vorbereitung:
Die Kinder knacken mit Ihrer Hilfe die Walnüsse, sodass jeweils zwei Nusshälften entstehen.
Wenn die Kinder möchten, können sie die Walnüsse essen.
Achtung: Achten Sie hier unbedingt auf eventuelle Nussallergien!

Arbeitsanleitung:
1. Die Kinder füllen Reis in eine der unteren Wallnusshälften.
2. Die obere Walnusshälfte wird jeweils auf die untere Walnusshälfte gelegt.
3. Zuvor wird eine Schnur zwischen die beiden Walnusshälften geschoben.
4. Mit Heißkleber werden die Nusshälften miteinander verklebt. Für eine Nussrassel werden etwa 5 Walnüsse benötigt.
5. Die Schnüre werden oben an den Ast geknotet. Sie können zusätzlich mit Heißkleber festgeklebt werden.
6. Um zu rasseln, bewegen die Kinder den Stock hin und her.

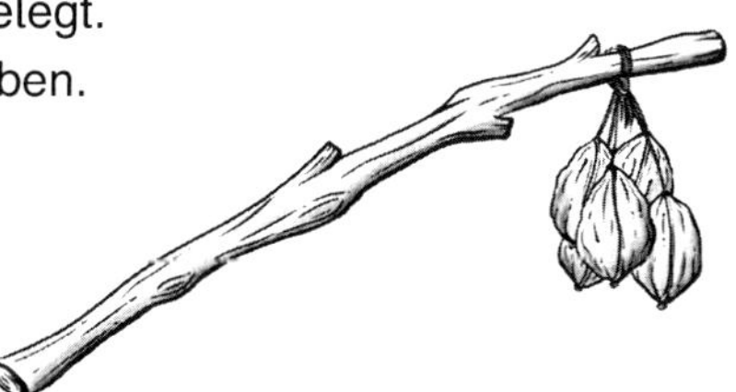

Gabelblumen (ab 2 Jahren)

Material:
weißer Tonkarton, Gabeln, Acrylfarben, Pinsel

Arbeitsanleitung:
1. Mit dem Pinsel wird eine Farbe auf die Rückseite der Gabel aufgetragen.
2. Dann wird die Gabel mit der Farbe als Stempel auf das Papier gedrückt.
3. Danach kann eine andere Farbe auf die Gabel aufgetragen und neben die erste Blume aufgestempelt werden. So wird fleißig weitergestempelt, bis viele bunte Blumen nebeneinander auf dem Papier abgedruckt sind.
4. Mit der grünen Farbe werden nun mit dem Pinsel Stängel und eine Wiese unter die Blüten gemalt.

Blumen aus Kaffeefiltern (ab 2 Jahren)

Material:
pro Kind 2 weiße Kaffeefilter, Wasserfarben, Wasser im Behälter, Pinsel, grüne Pfeifenputzer

Arbeitsanleitung:
1. Die Kinder bemalen die Kaffeefilter von beiden Seiten mit Wasserfarben.
2. Nach dem Trocknen werden diese ineinandergesteckt.
3. Unten werden die beiden Kaffeefilter mit einem Pfeifenputzer so zusammengebunden, dass eine Blüte entsteht und der Rest des Pfeifenputzers als Blumenstängel nach unten gebogen werden kann.

Kressegarten (ab 3 Jahren)

Material:
1 Milchkarton pro Kind, 1 Cuttermesser, Acrylfarben, Pinsel, Heißklebepistole, Blumenerde, Kressesamen, 1 Sprühflasche

Vorbereitung:
Die Milchkartons werden gründlich ausgespült.

Arbeitsanleitung:

1. Der Milchkarton wird in der Mitte auseinandergeschnitten.

2. Der untere Teil wird noch einmal der Länge nach halbiert.

3. Der obere Teil des Milchkartons wird in den unteren Teil gestellt.

4. Der Karton wird nun angemalt. Dabei wird der obere Teil als Haus und der untere Teil als Garten gestaltet.

5. Nach dem Trocknen kann das Haus mit Heißkleber in den Garten geklebt werden.

6. In den Garten wird etwas Blumenerde eingefüllt.

7. Auf die Blumenerde werden einige Kressesamen verteilt und mit der Sprühflasche befeuchtet.

Die Gärten werden an einen hellen Ort gestellt, zum Beispiel auf die Fensterbank.

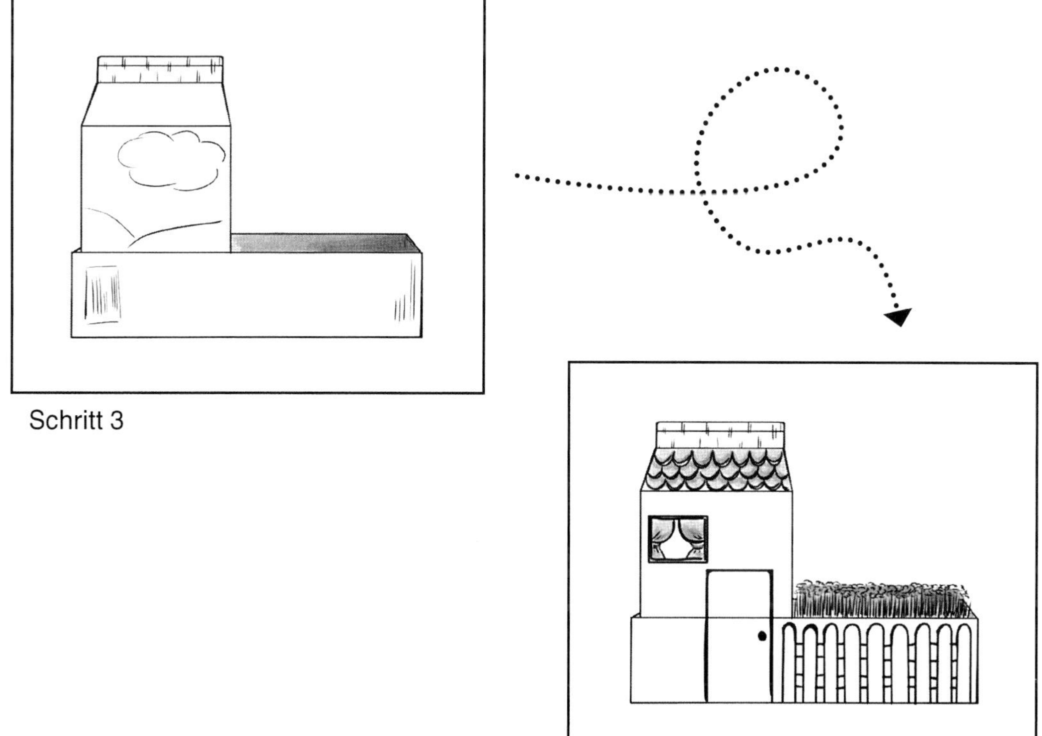

Schritt 3

fertiger Kressegarten

Gartenleuchten (ab 3 Jahren)

Material:
Blätter, Zeitungspapier, Bücher, Serviettenkleber, Pinsel, Paketschnur, 1 Marmeladenglas je Kind, 1 Teelicht je Kind, 1 Feuerzeug oder Streichhölzer

Vorbereitung:
Es werden bunte Blätter gesammelt. Diese werden zwischen mehrere Lagen Zeitungspapier gelegt. Auf die Zeitungen werden mehrere schwere Bücher abgelegt. So werden die Blätter etwa zwei Wochen gepresst.

Arbeitsanleitung:
1. Das Marmeladenglas wird mit Serviettenkleber bestrichen.
2. Die Blätter werden nun auf das Glas gedrückt.
3. Über die Blätter wird eine weitere Schicht Kleber gestrichen.
4. Nach dem Trocknen wird oben eine Schnur um das Glas gebunden.
5. In das Glas wird ein kleines Teelicht gestellt.

Tipps:
Statt Serviettenkleber kann auch Leim verwendet werden.
Die Gläser können dann in den Garten gestellt werden.

Achtung: Die Kerzen dürfen die Kinder nur unter Aufsicht anzünden und brennen lassen.

Gartenzwerge (ab 4 Jahren)

Material:
dicke schräg abgeschnittene Äste, Schleifpapier, Acrylfarben, Pinsel, Klarlack

Vorbereitung:
Die Äste werden schräg abgeschnitten.
Unten sollte der Ast gerade abschnitten sein, sodass er gut stehen kann.

Arbeitsanleitung:

1. Die obere Fläche des Astes wird mit Schleifpapier glatt geschliffen.
2. Die Kinder malen mit der Acrylfarbe Gesichter, Bärte und Mützen auf die schräg abgeschnittene Fläche.
3. Nach dem Trocknen wird die bemalte Fläche mit Klarlack eingesprüht.

Igel aus Ahornsamen (ab 3 Jahren)

Material:
Kopiervorlage „Igel" (s. S. 18), brauner Tonkarton, Bleistifte, Scheren, Ahornsamen, Bastelkleber, Wackelaugen (selbstklebend), 1 schwarzer Filzstift

Vorbereitung:
Die Ahornsamen können im Herbst gemeinsam gesammelt werden.

Arbeitsanleitung:

1. Die Vorlage wird auf braunen Tonkarton übertragen und ausgeschnitten.
2. Der Körper des Igels wird mit Bastelkleber bestrichen.
   Auf den Kleber werden die Ahornsamen überlappend festgedrückt.
3. Ein Wackelauge wird auf den Kopf aufgeklebt.
4. Mit dem schwarzen Filzstift wird vorne auf die Schnauze des Igels eine Nase aufgemalt.

Kopiervorlage „Igel“

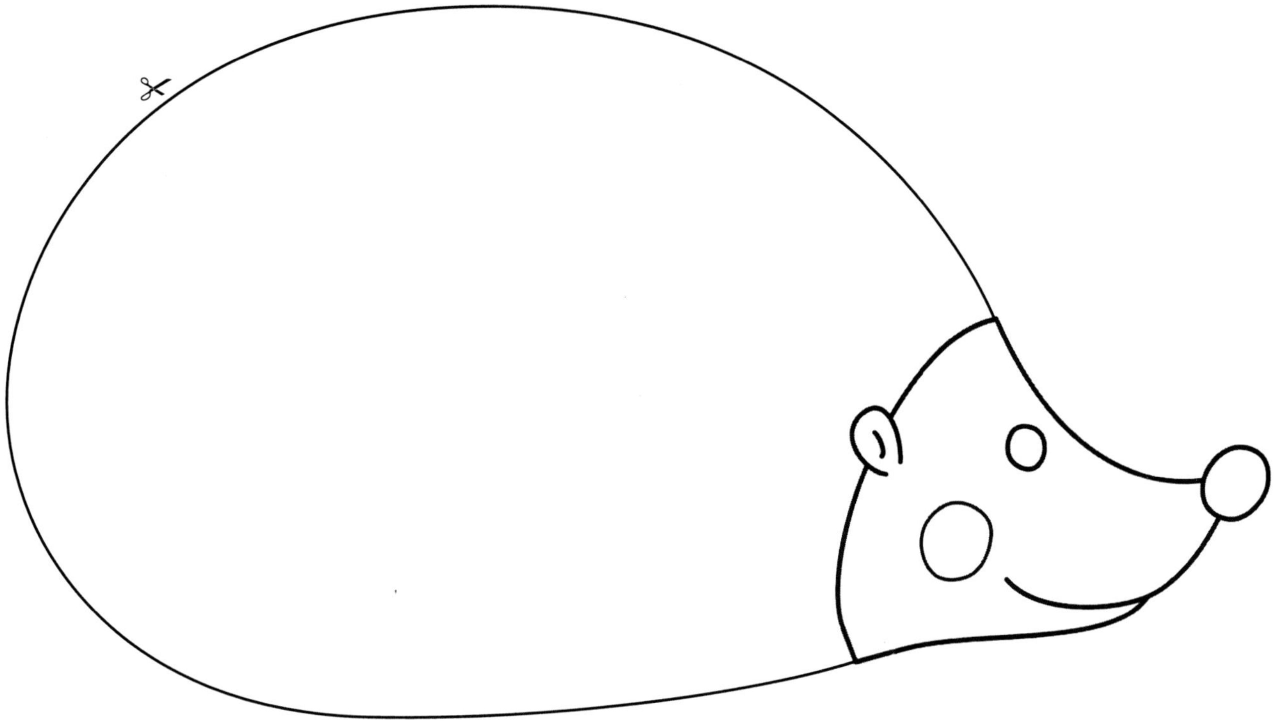

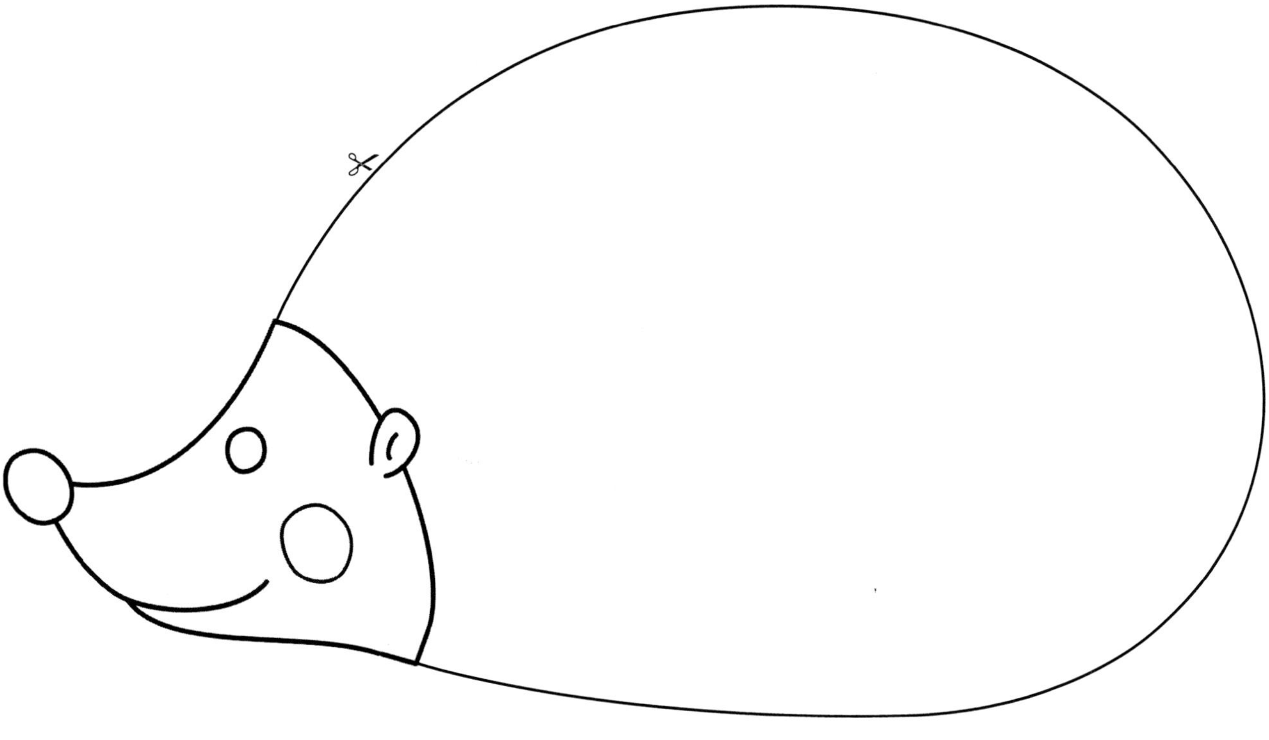

Bei Bedarf bitte hochkopieren.

Vom Samen zur Sonnenblume (ab 5 Jahren)

Schneide die Teile aus.

Klebe sie in der richtigen Reihenfolge auf ein Blatt Papier.

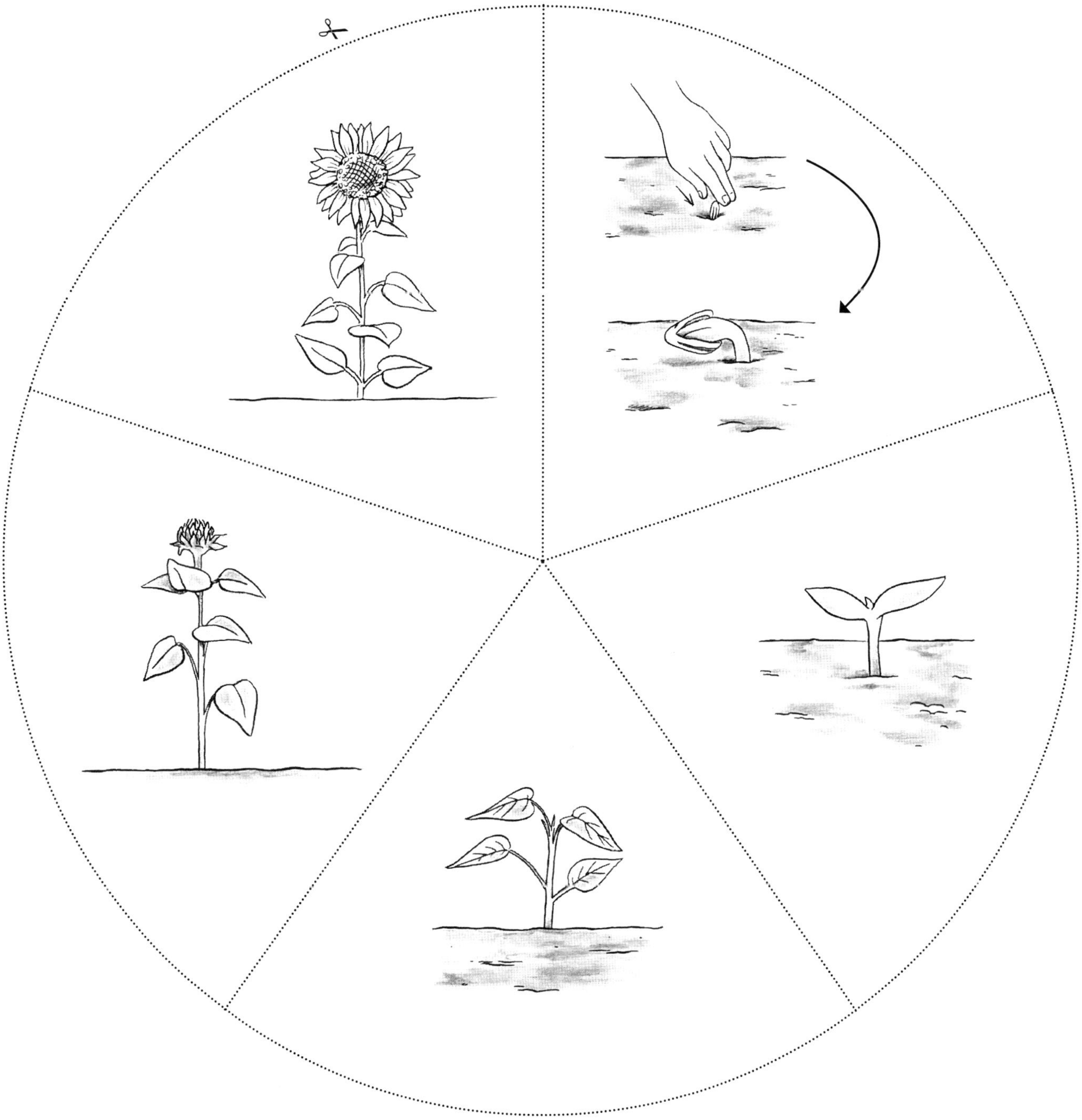

Gartengeräte-Domino (ab 4 Jahren)

Material:
1 Kopiervorlage „Gartengeräte-Domino“ (s. u.), 1 Schere, ggf. Laminiergerät und -folie

Arbeitsanleitung:
Die Dominokarten werden ausgeschnitten. Zur besseren Haltbarkeit können sie laminiert werden. Das Spiel wird in der Kleingruppe gespielt. Jedes Kind erhält eine oder auch mehrere Karten. Zuerst wird die Karte mit dem Start gelegt. Danach wird jeweils die passende Karte angelegt. Dabei können die Kinder die Gartengeräte benennen. Mit dem Legen der Zielkarte endet das Spiel.

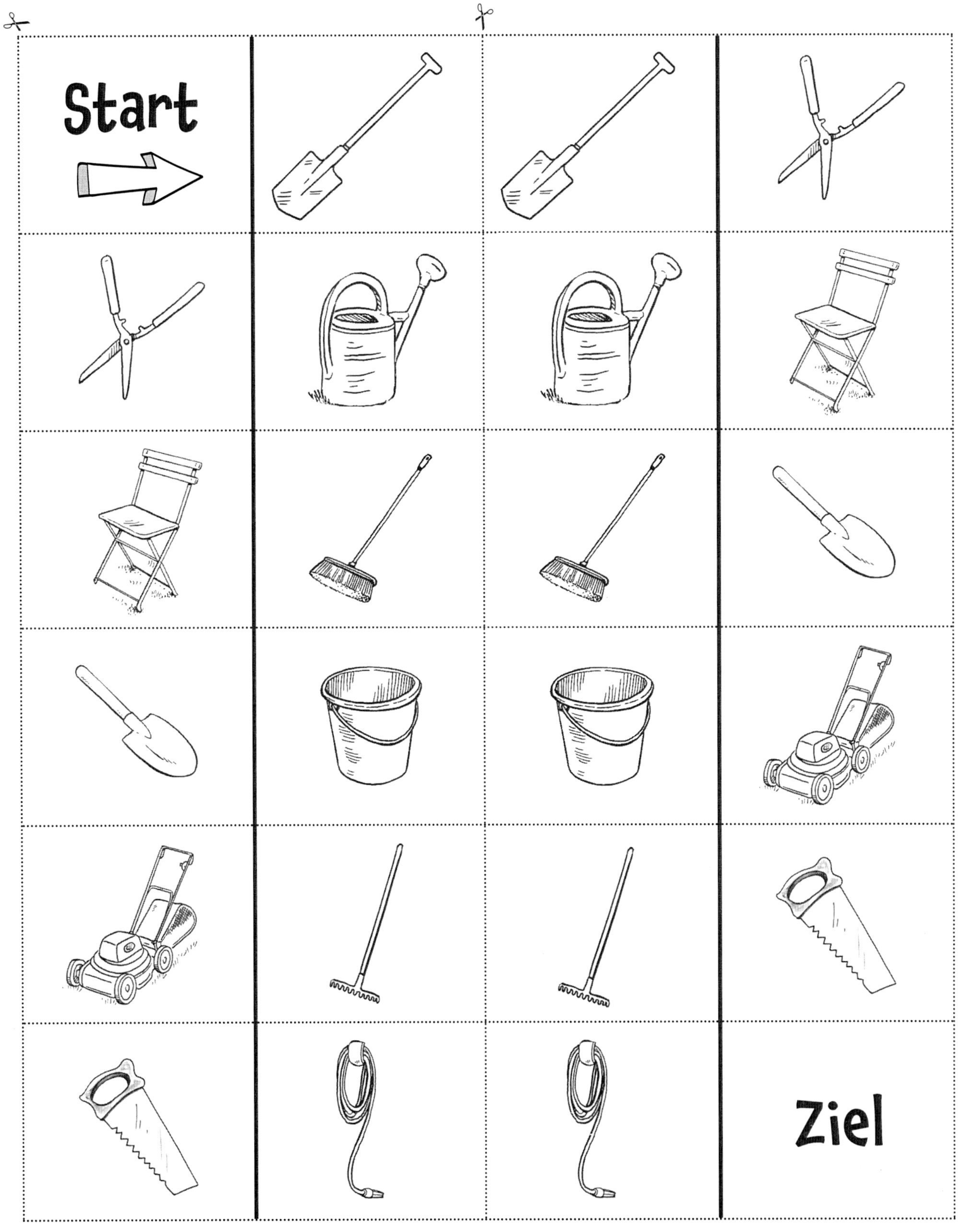

Start

Ziel

Einen Kistengarten anlegen (ab 4 Jahren)

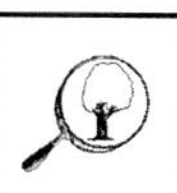

Material:

1 Obst- oder Weinkiste, Folie,
1 Handtacker, Erde, Pflanzen, 1 Gießkanne

Arbeitsanleitung:

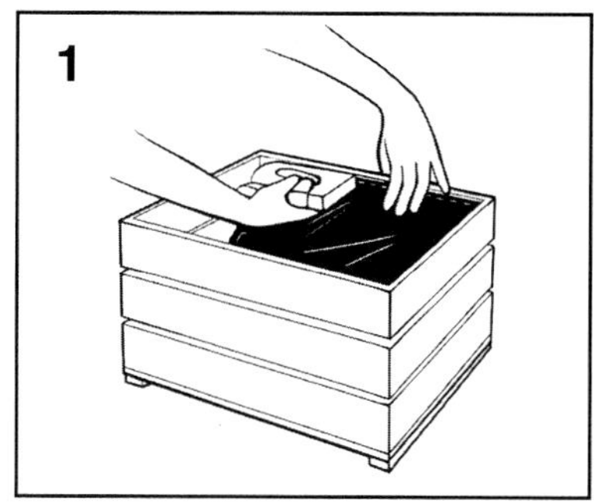

1. In die Kiste wird eine Folie gelegt und mit einem Tacker von innen befestigt.

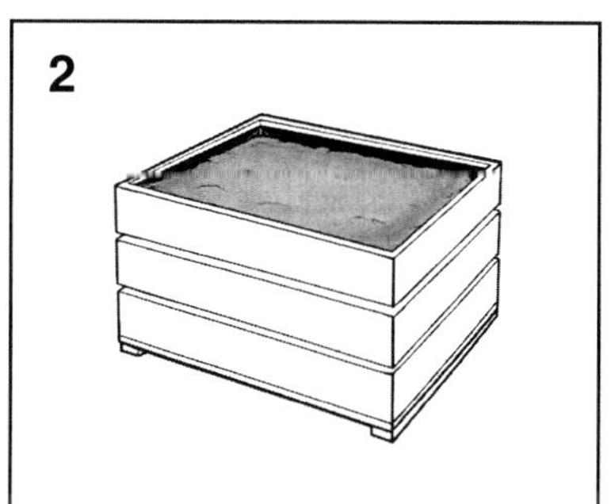

2. Die Kiste wird mit Erde befüllt.

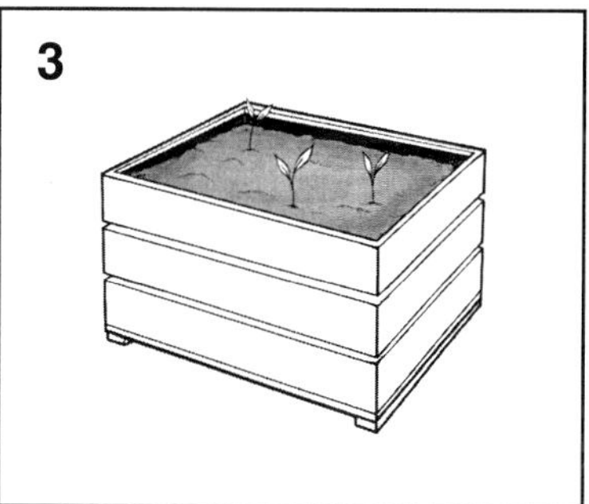

3. In die Erde werden Pflanzen eingesetzt, zum Beispiel Tomaten-, Salat- oder Erdbeerpflanzen.

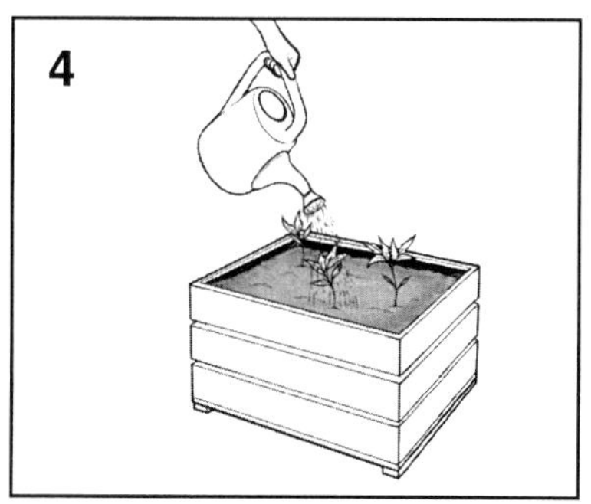

4. Die Pflanzen werden regelmäßig gegossen.

5. Wenn die Pflanzen oder Früchte reif sind, können sie geerntet werden.

Regenwurm-Beobachtungsglas **(ab 4 Jahren)**

Material:
1 großes Glas, Erde, Sand, 2 Eimer, 1 Schaufel, Blätter, 1 Sprühflasche, Wasser, Regenwürmer, 1 Tuch, 1 Gummiband

Vorbereitung:
Die Erde und der Sand werden in zwei verschiedene Eimer gefüllt.

Arbeitsanleitung:
1. Die Kinder füllen abwechselnd Erde und Sand in das Glas.
2. Auf die oberste Schicht legen sie einige Blätter.
3. Dann sprühen die Kinder mit der Sprühflasche etwas Wasser darauf.
4. Nun legen sie die Regenwürmer vorsichtig oben in das Gefäß.
5. Zum Schluß wird das Glas mit dem Tuch abgedeckt und an einen kühlen Ort gestellt.
6. Die Kinder halten die Erde mit Hilfe der Sprühflasche feucht und beobachten jeden Tag, was im Glas passiert ist.

Achtung: Nach der Beobachtungsphase setzen Sie gemeinsam mit den Kindern die Regenwürmer wieder in die freie Natur! Die Kinder sollen dafür die Erde am Boden mit einer Schaufel auflockern, die Regenwürmer vorsichtig darauf legen und mit etwas Erde bedecken.

Wasser-Spielwand **(ab 4 Jahren)**

Material:
Zaun, Kabelbinder, Trichter, Schläuche, Plastikwanne, Messbecher

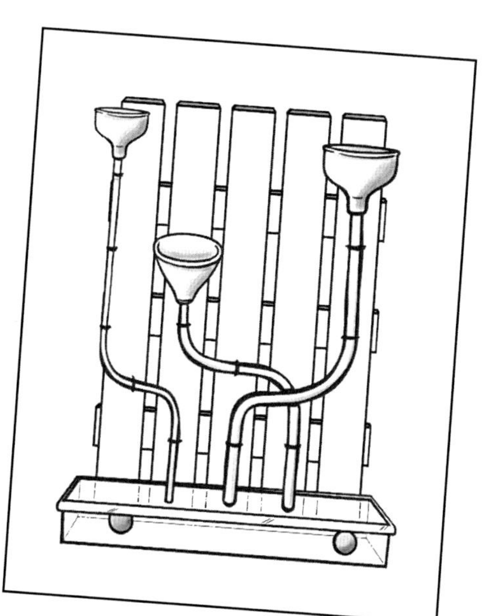

Arbeitsanleitung:
1. Die Trichter und die Schläuche werden so mit den Kabelbildern am Zaun befestigt, dass das Wasser von oben nach unten hindurchfließen kann.
2. Ganz unten wird eine Wanne aufgestellt, um das Wasser aufzufangen.
3. Mit den Messbechern können die Kinder das Wasser immer wieder aus der Wanne entnehmen und in einen der Trichter schütten.

Tipp:
Es können auch Wasserflaschen in die Spielwand eingebaut werden. Dazu werden mit einem Handbohrer Löcher in die Böden der Wasserflaschen gebohrt.

BVK • Svenja Ernsten: Kita aktiv „Projektmappe Unser Garten“

Gemüsezug **(ab 3 Jahren)**

Zutaten:
2 Gurken, Radieschen, Möhren

Arbeitsmittel:
1 Waschbecken, 1 Trockentuch, Brettchen, Messer, Löffel, Zahnstocher

Zubereitung:

1. Das Gemüse wird gewaschen und abgetrocknet.
2. Die erste Gurke wird halbiert und in kleinere Stücke geschnitten. Das Innere wird mit einem Löffel ausgehöhlt. So entstehen die Waggons.
3. Aus der zweiten Gurke wird die Lok angefertigt. Vom vorderen Teil der Gurke wird längs oben ein Stück abgeschnitten. Aus dem hinteren Teil wird das Führerhaus gefertigt. Dazu werden in ein Gurkenstück vorne und an den Seiten je ein Fenster und ein Eingang geschnitten.
4. Ein Stück des abgeschnittenen Teils wird als Dach verwendet und oben auf das Führerhaus gelegt.
5. Von den Radieschen wird oben das Grün und unten die Wurzel abgeschnitten. Zwei Radieschen werden als Schornsteine genutzt. Die anderen Radieschen werden in kleine Stücke geschnitten. Alternativ können Möhrenstücke verwendet werden.
6. Die Möhren werden ebenfalls in kleine Stücke geschnitten und mit Zahnstochern als Räder an den Waggons befestigt. Die anderen Möhren können Sie in längliche Streifen schneiden.
7. Befüllen Sie die Waggons dann mit den Radieschen, Möhren und Tomaten.

Guten Appetit!

Stockbrot im Garten (ab 3 Jahren)

Zutaten:
500 g Mehl, 1 Tüte Hefe, 250 ml lauwarmes Wasser, 2 El Olivenöl

Arbeitsmittel:
Schüssel, Handrührgerät mit Knethaken, 1 Messbecher, 1 Esslöffel, 1 Tuch, lange Stöcke, ggf. 1 Reinigungsbürste, 1 Taschenmesser, Holz für ein Lagerfeuer, ggf. 1 Feuerschale, 1 Feuerzeug oder Streichhölzer, Eimer mit Wasser, ggf. 1 Feuerschale

Vorbereitung:
Die Stöcke werden vorab mit Wasser gereinigt und ggf. mit einer Bürste geschrubbt. Danach werden sie vorne mit einem Taschenmesser angespitzt. Dabei wird die Rinde entfernt.

Zubereitung:

1. Das Mehl und die Hefe werden in die Schüssel gegeben und mit dem Esslöffel verrührt.
2. Nun messen Sie das lauwarme Wasser ab und geben es hinzu. Das Olivenöl wird ebenfalls hinzugefügt.
3. Schütten Sie danach das Olivenöl in die Teigmasse.
4. Nun wird der Teig mit den Knethaken so lange durchgeknetet, bis er sich von der Schüssel löst.
5. Decken Sie den Teig mit einem Tuch ab und stellen Sie ihn zum Aufgehen etwa eine Stunde an einen warmen Ort.
6. Dann erhält jedes Kind eine kleine Portion Teig. Der Teig wird zu einer langen Schlange geformt und dann oben um den Stock gewickelt.
7. Im Garten wird ein Lagerfeuer gemacht. Im besten Fall nutzen Sie dafür Feuerschalen.
8. Die Kinder halten die Stöcke mit dem Teig über das Lagerfeuer bis der Teig knusprig braun geworden ist.

Achtung: Bitten Sie die Eltern zuvor, bei dem Lagerfeuer und dem Backen der Stockbrote zu helfen, damit sich niemand verbrennt. Stellen Sie mehrere Eimer Wasser für den Notfall bereit.

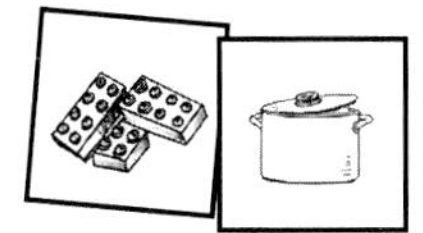

Erdbeerspieße (ab 2 Jahren)

Zutaten:
Erdbeeren, Blockschokolade, bunte Streusel

Arbeitsmittel:
1 Waschbecken, 1 Messer, Holzspieße, 1 Herd, 1 Topf,
1 kleiner Schmelztopf, Wasser, 1 Löffel, 1 Schüssel, Teller

Zubereitung:
1. Die Erdbeeren werden gewaschen und der grüne Strunk wird entfernt.
2. Die Kinder spießen mehrere Erdbeeren auf einen Holzspieß auf.
3. Die Schokolade wird mit einem Messer in kleine Stücke zerhackt und in einen kleinen Schmelztopf gegeben.
4. Im Topf wird auf dem Herd Wasser erhitzt. Das Wasser sollte nicht kochen!
5. Der Schmelztopf wird in das Wasser gehängt. Durch den Wasserdampf schmilzt die Schokolade langsam. Dabei wird immer wieder mit einem Löffel umgerührt.
6. Wenn die Schokolade flüssig ist, wird der Schmelztopf aus dem Wasserbad genommen. Die Schokolade wird in eine Schüssel geschüttet.
7. Die Kinder tauchen die Spieße in die Schokolade ein.
8. Die Spieße können noch mit bunten Streuseln verziert werden.
9. Zum Trocknen werden die Erdbeerspieße auf einem Teller ausgelegt.

Guten Appetit!

Erdbeermäuse (ab 2 Jahren)

Zutaten:
Erdbeeren, Mandelblätter, Fruchtgummischnüre, Schokoladen-Zuckerschrift

Arbeitsmittel:
1 Waschbecken, 1 Sieb oder Schüssel, Messer, Brettchen

Zubereitung:
1. Die Erdbeeren werden gewaschen und der grüne Strunk entfernt.
2. Die Kinder schneiden die Erdbeeren jeweils in der Mitte durch.
3. Die Erdbeeren werden mit der Spitze nach vorne auf die Brettchen gelegt. Mit dem Messer werden je zwei Schlitze oben in die Erdbeeren geschnitten, dort wo die Ohren sitzen. Hinten wird ein Loch hineingemacht.
4. Die Kinder stecken die Mandelblätter in die Schlitze. Das sind die Ohren.
5. In das Loch wird ein Stück der Fruchtgummischnüre als Schwanz gesteckt.
6. Mit der Schokoladen-Zuckerschrift werden zwei Augen und eine Nase aufgemalt.

Fertig sind die süßen Erdbeermäuse!

Wie viele Beine sind es? (ab 4 Jahren)

Verbinde richtig.

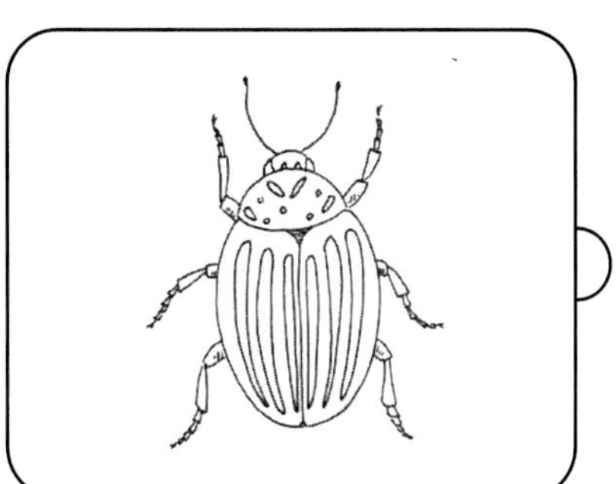

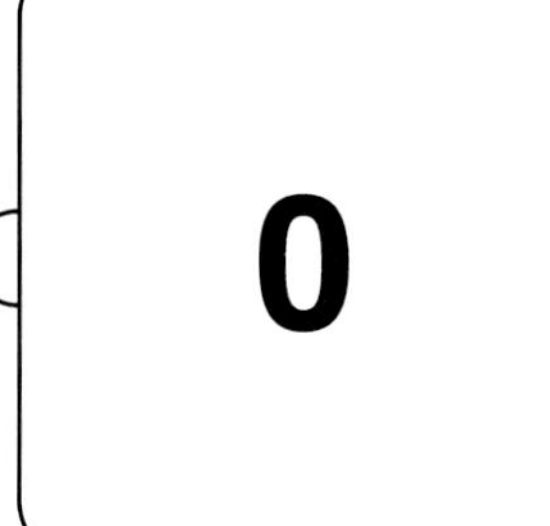

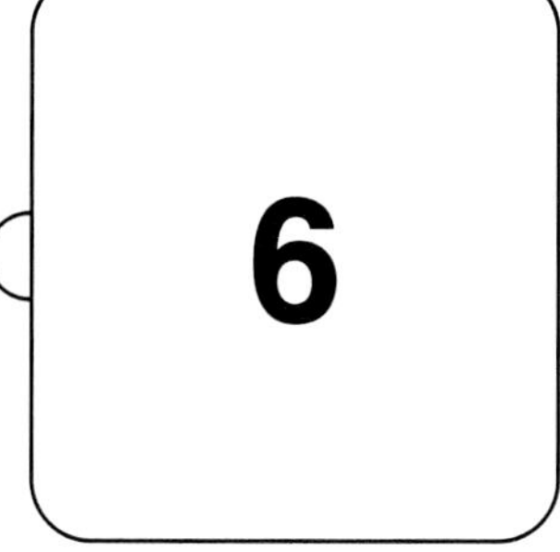

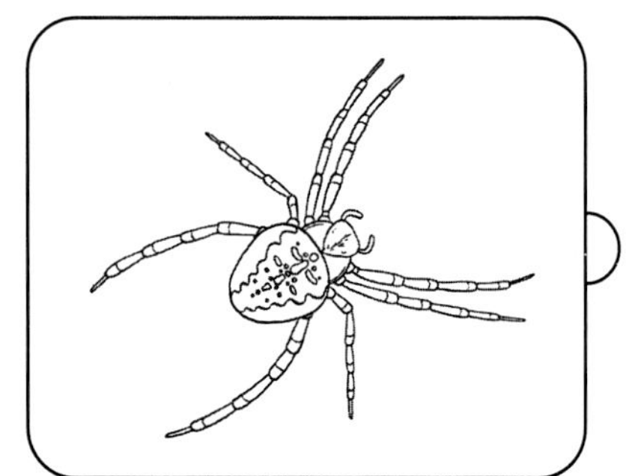

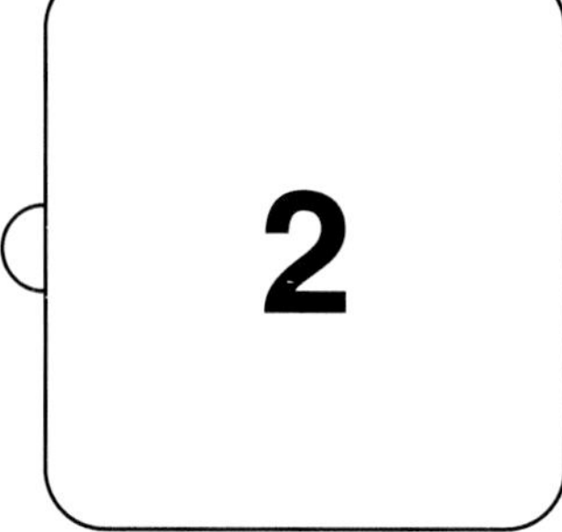

Formen legen (ab 4 Jahren)

Material: Äste

Arbeitsanleitung:
Die Kinder legen Formen (Dreiecke, Quadrate, Rechtecke) aus Ästen.
Es können auch mehrere Formen miteinander kombiniert werden, sodass zum Beispiel ein Haus entsteht.

Zahlenkarten (ab 4 Jahren)

Material:
Hula-Hoop-Reifen, Naturmaterialien (Tannenzapfen, Eicheln, Kastanien, Nüsse, Blätter, Blumen, Steine …), Kopiervorlage „Zahlenkarten“ (s. S. 28), Laminiergerät und -folie

Vorbereitung:
Die Zahlenkarten werden ausgeschnitten und laminiert. Im Garten werden mit Reifen zehn Felder markiert. In die Reifen werden die laminierten Zahlenkarten gelegt. In jedes Feld werden Gegenstände aus der Natur in der passenden Anzahl hineingelegt (z. B.: eine Nuss, zwei Eicheln, drei Zapfen, fünf Blätter, neun Blumen …).

Arbeitsanleitung:
Die Kinder werden in Gruppen den Reifen mit den Zahlen zugeordnet. Sie sollen weitere Gegenstände in der passenden Anzahl in das jeweilige Feld legen. Im Anschluss werden alle Zahlenfelder gemeinsam betrachtet.

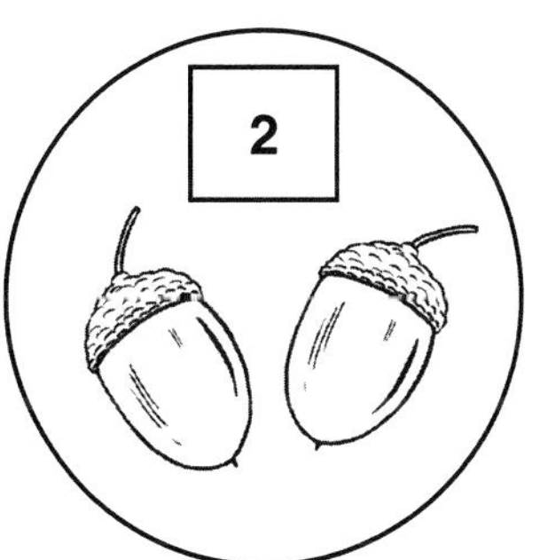

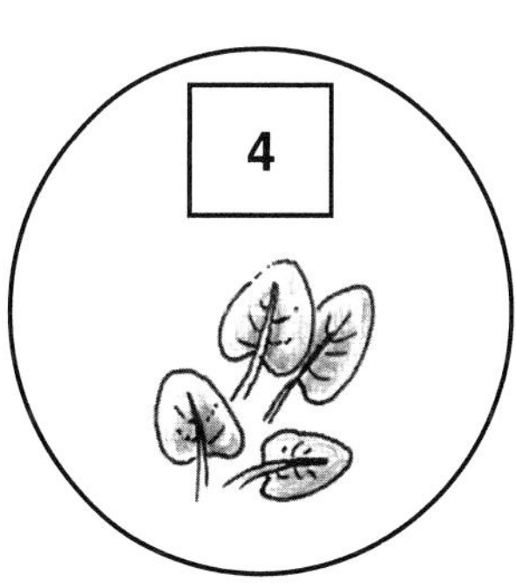

Kopiervorlage „Zahlenkarten“

1	2	3
4	5	6
7	8	9
10	11	12

Gartenfest Einladung (ab 2 Jahren)

Material:
Kopiervorlage „Einladung zum Gartenfest“ (s. u.), Kopiervorlage „Blume“ (s. S. 30), Bleistifte, bunter Tonkarton, weißer Tonkarton, Scheren, Kleber, Kopiervorlage „Einladung“, Kopiervorlage „Blume“

Vorbereitung:
Die Vorlage für die Blume wird auf den Tonkarton übertragen. Die Textvorlage wird für jedes Kind kopiert und ausgefüllt.

Arbeitsanleitung:
1. Die Kinder schneiden die Blume aus.
2. Die Vorlage mit dem Text wird in das Innere der Karte geklebt.
3. Die Kinder falten die Blütenblätter nacheinander zur Mitte.

EINLADUNG

ZUM GARTENFEST

Liebe Familie

____

Wir laden Sie herzlich zu unserem Gartenfest ein!

Wo?

____

wann?

____

Kopiervorlage „Blume“

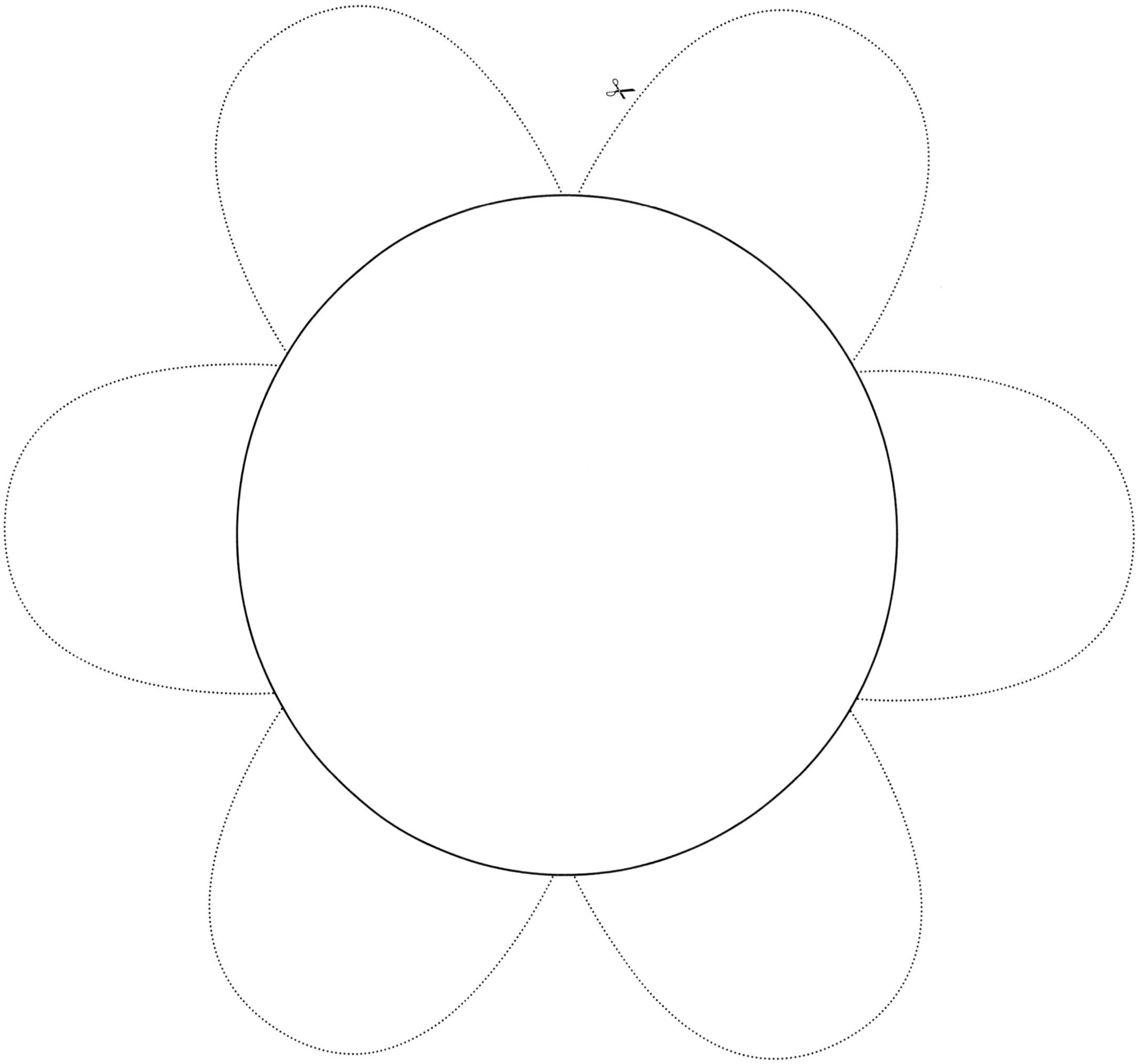

Gartenfest (ab 2 Jahren)

Einladung:
Die Kinder basteln Gartenfesteinladungskarten für ihre Familien.
Dafür kann die Anleitung und die Textvorlage (s. S. 29 – 30) genutzt werden.

Dekoration:
Als Dekoration können im Gruppenraum die fertigen Bastelarbeiten – zum Beispiel die Gabelblumen (s. S. 14), die Blumen aus Kaffeefiltern (s. S. 14), die Kressegärten (s. S. 15) und die Igel aus Ahornsamen (s. S. 17 – 18) – ausgestellt werden. Der Garten kann mit den Gartenleuchten (s. S. 16) und den Gartenzwergen (s. S. 17) dekoriert werden.

Aufführung:
Als Begrüßung kann das Lied „Trarira, der Sommer, der ist da!" (s. S. 11) gesungen werden.
Auch das Lied „In unserem Garten, da sitzt ein Amselchen" (s. S. 9) eignet sich gut als Einführung.

Das Fingerspiel „In die Hecke auf das Ästchen" (s. S. 6) kann gemeinsam durchgeführt werden.

Das Tanzspiel „Ringel, Ringel, Reihe" (s. S. 39) kann gemeinsam gesungen werden.
Dabei können auch die Geschwisterkinder mitmachen. Es eignet sich auch gut als Abschlusslied.

Stationen für die Besucherinnen und Besucher:

Walnussklappern (s. S. 13) und Walnussrasseln (s. S. 13) können gebastelt werden.

Die Fühlboxen (s. S. 35) können für die Eltern und Geschwisterkinder aufgestellt werden.

Die Kinder können Riesenseifenblasen (s. S. 37) machen.

Das Blattsauger-Spiel (s. S. 38) kann gespielt werden.

Die Kastanienwurfbälle (s. S. 38) können gebastelt und ausprobiert werden.

„Bäumchen, wechsel dich" (s. S. 40) oder „Dreibeinlauf"(s. S. 40) kann gemeinsam gespielt werden.

Bei warmem Wetter kann die Wasser-Spielwand (s. S. 22) aufgestellt werden.

Essen:
Es kann ein Buffet mit Gemüse angeboten werden. Die Kinder können vorab den Gemüsezug (s. S. 23) vorbereiten. Sie können Erdbeerspieße in Schokolade (s. S. 25) tauchen. Gemeinsam kann am Lagerfeuer Stockbrot (s. S. 24) gebacken werden.

Schnecke (ab 4 Jahren)

Spure nach.

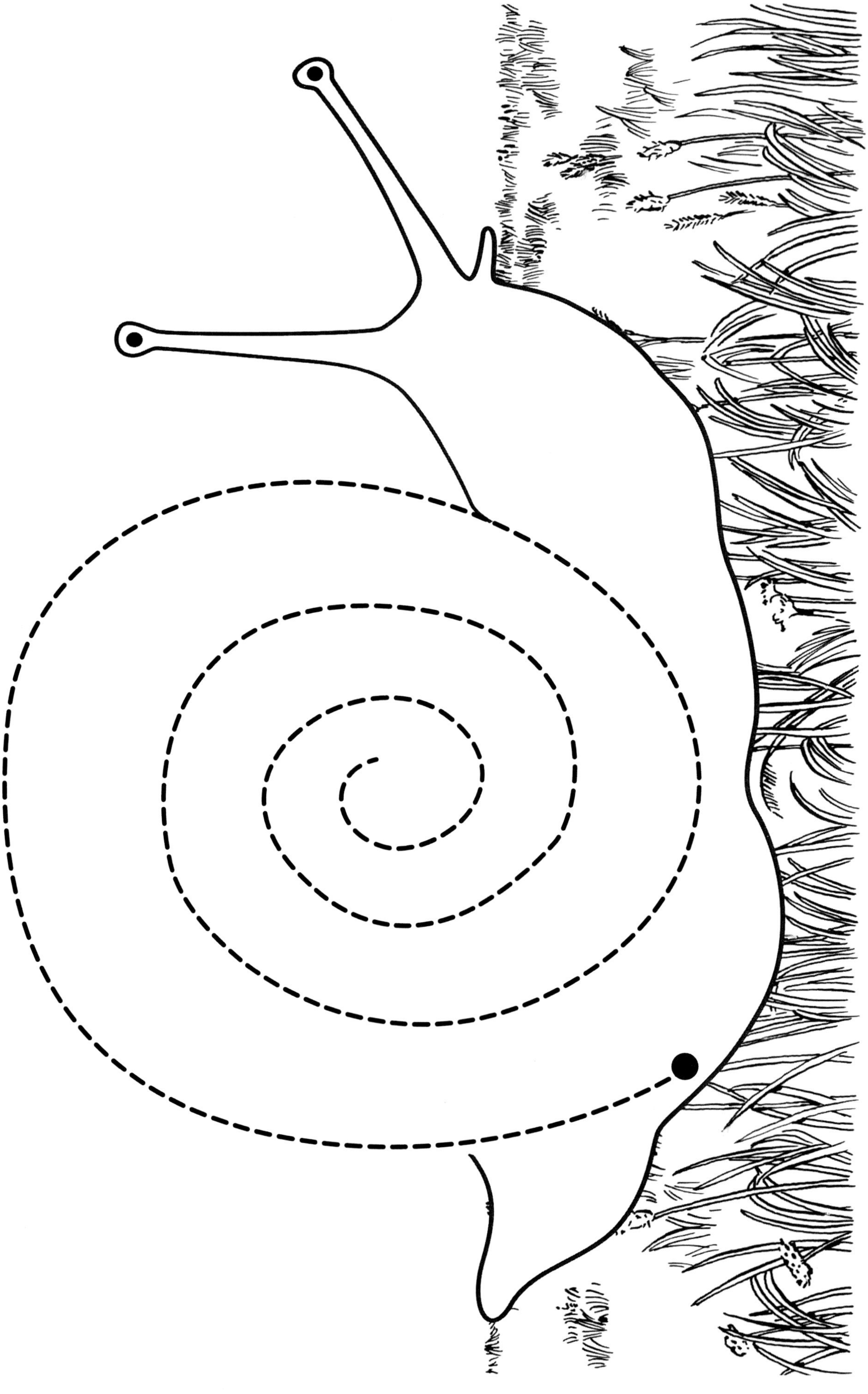

Wettermassage (ab 3 Jahren)

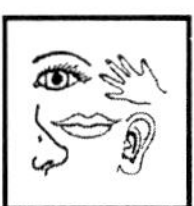

Material:
Geschichte (s. u.), Matten

Arbeitsanleitung:

1. Besprechen Sie mit den Kindern vorab, dass die Bewegungen vorsichtig durchgeführt werden sollen, und dass auf der Wirbelsäule nicht massiert werden darf.
2. Dann finden sich immer zwei Kinder als Partner zusammen.
3. Ein Kind legt sich nun mit dem Bauch auf die Matte, das andere Kind kniet sich daneben.
4. Lesen Sie die Geschichte langsam vor und zeigen Sie den Kindern nach jedem Abschnitt, wie sie die Massagebewegungen passend zur Geschichte machen sollen.
5. Das Kind, das auf der Matte kniet, macht dieselben Massagebewegungen an dem liegenden Kind nach.
6. Nach dem Durchgang wechseln die beiden Partnerkinder.

Geschichte:

Die Sonne scheint in den Garten. Sie wärmt dich.
(Das Kind malt mit der flachen Hand Sonnenstrahlen auf den Rücken.)

Jetzt ziehen immer mehr Wolken auf.
(Das Kind reibt mit den Händen über den Rücken.)

Es fängt an zu regnen.
(Das Kind tippt langsam mit den Fingerspitzen auf den Rücken.)

Der Regen wird immer stärker.
(Das Kind tippt immer schneller mit den Fingerspitzen auf den Rücken.)

Nun zieht auch noch ein Gewitter auf. Blitze zucken über den Himmel.
(Das Kind malt mit den Fingerspitzen Zickzacklinien auf den Rücken des Kindes.)

Es donnert laut.
(Das Kind trommelt leicht mit den Fäusten auf den Rücken).

Die Wolken ziehen weiter.
(Das Kind reibt mit den Händen über den Rücken)

Jetzt kommt die Sonne wieder hervor.
(Das Kind malt mit der flachen Hand Sonnenstrahlen auf den Rücken.)

Plötzlich ist ein Regenbogen am Himmel zu sehen.
Er sieht wunderschön aus!
(Das Kind malt mit der Hand einen Bogen auf den Rücken.)

Steine stapeln (ab 2 Jahren)

Material: flache Steine, Eimer, Acrylfarben, 1 Pinsel je Kind, ggf. Reinigungsbürsten

Vorbereitung:
Die Kinder sammeln zuvor Steine auf dem Außengelände und legen sie in ihre Eimer. Wenn nötig, können Schmutzrückstände wie Erde mit der Bürste von den Steinen entfernt werden.

Arbeitsanleitung:
1. Wenn die Steine frei von Schmutz sind, können die Kinder die Steine in verschiedenen Farben mit der Acrylfarbe anmalen. Die Kinder können die Steine aber auch farblich in ihrem natürlichen Zustand belassen.
2. Wenn die Farbe getrocknet ist, suchen Sie mit den Kindern möglichst flache Stellen auf dem Außengelände. Dort können die Kinder ihre Steine übereinanderstapeln und so Skulpturen aus Stein errichten.

Geruchs-Memo-Spiel (ab 3 Jahren)

Material:
Marmeladengläser oder Streichholzschachteln, Papier, Kleber, Duftmaterial (Apfel, Petersilie, Gras, Blumen, Zwiebelstücke, Rinde ...), Schal zum Verbinden der Augen

Vorbereitung:
Die Marmeladengläser oder Streichholzschachteln werden alle mit dem gleichen Papier beklebt, damit sie blickdicht sind. In jeweils zwei Schachteln wird der gleiche Duftstoff gelegt. Die Gläser oder Streichholzschachteln werden verschlossen.

Spielanleitung:
Mit verbunden Augen riecht ein Kind an den Gefäßen und versucht, jeweils zwei gleiche Düfte zuzuordnen. Sie oder ein anderes Kind können dabei die Gefäße unter die Nase des Kindes halten.

BVK • Svenja Ernsten: Kita aktiv „Projektmappe Unser Garten“

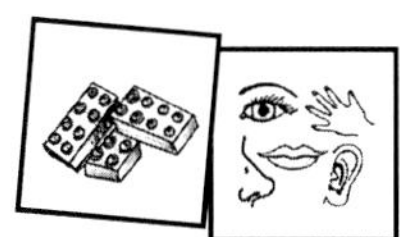

Fühlboxen (ab 2 Jahren)

Material:
Schuhkartons mit Deckel, 1 Cuttermesser, 1 Stück Stoff, 1 Tacker, Naturmaterialien (z. B.: Laub, Moos, Kastanien, Nüsse, Tannenzapfen …)

Vorbereitung:

1. In den Schuhkarton wird vorne mit dem Cuttermesser ein Loch geschnitten.
2. An der Innenseite der entstandenen Öffnung wird mit dem Tacker ein Stück Stoff befestigt, sodass eine Art Vorhang bzw. ein Sichtschutz hinter der Öffnung hängt.
3. In das Innere des Schuhkartons werden die Naturmaterialien hineingelegt.
4. Der Karton wird wieder mit dem Deckel verschlossen. So können mehrere Fühlboxen erstellt werden.

Arbeitsanleitung:

1. Die Fühlboxen werden gefüllt auf einen Tisch gestellt.
2. Die Kinder stecken eine Hand in die Fühlbox. Sie suchen sich einen „Gegenstand" in der Box aus und ertasten ihn vorsichtig von allen Seiten.
3. Lassen Sie die Kinder ihre verborgenen Naturmaterialien genau beschreiben: „Wie fühlen sie sich an?", „Sind sie glatt oder rau?", „Piksen sie?" …
4. Danach versucht das Kind, den „Gegenstand" zu benennen. Wenn Sie möchten, können Sie auch alle Kinder gemeinsam raten lassen.
5. Alternativ können erst mehrere Kinder verschiedene „Gegenstände" in der Box befühlen und sich danach über ihre Vermutungen austauschen.

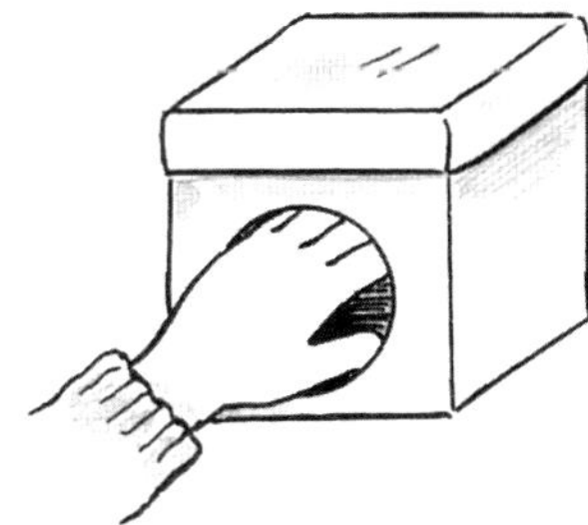

Barfußparcours (ab 2 Jahren)

Material:
Vlies, Steine, verschiedene Materialien (z. B.: Steine, Gras, Blätter, Sand, Rindenmulch …), ggf. Tücher

Vorbereitung:
Das Vlies wird auf dem Rasen ausgerollt und am Rand mit Steinen befestigt. Auf dem Vlies können die Kinder hintereinander die verschiedenen Materialien auslegen.

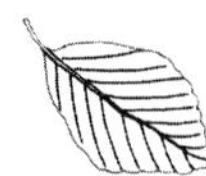

Arbeitsanleitung:

1. Die Kinder stellen sich am Barfußparcours hintereinander auf.
2. Wenn Sie möchten, können Sie den Kindern die Augen mit den Tüchern verbinden. Für diesen Fall sollten entweder Sie oder ein anderes Kind, die Kinder über den Parcours begleiten.

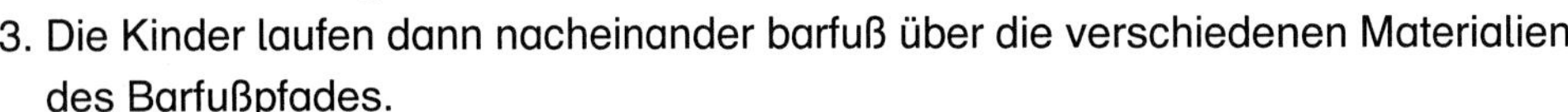

3. Die Kinder laufen dann nacheinander barfuß über die verschiedenen Materialien des Barfußpfades.
4. Sobald ein neuer Untergrund spürbar ist, sollen die Kinder dies sagen und versuchen, das Material zu beschreiben.

   Sie können den Kindern mit Fragen helfen:

   - „Wie fühlt sich der Untergrund an?“
   - „Kitzelt es unter den Füßen?“
   - „Pikst es an den Fersen?“
   - „Könnt ihr vielleicht sogar etwas riechen?“
   - „Was denkt ihr, an welcher Stelle ihr jetzt seit und welches Material unter euren Füßen ist?“
   - …

5. Sie können sich darüber austauschen, wie sich die Materialien angefühlt haben.

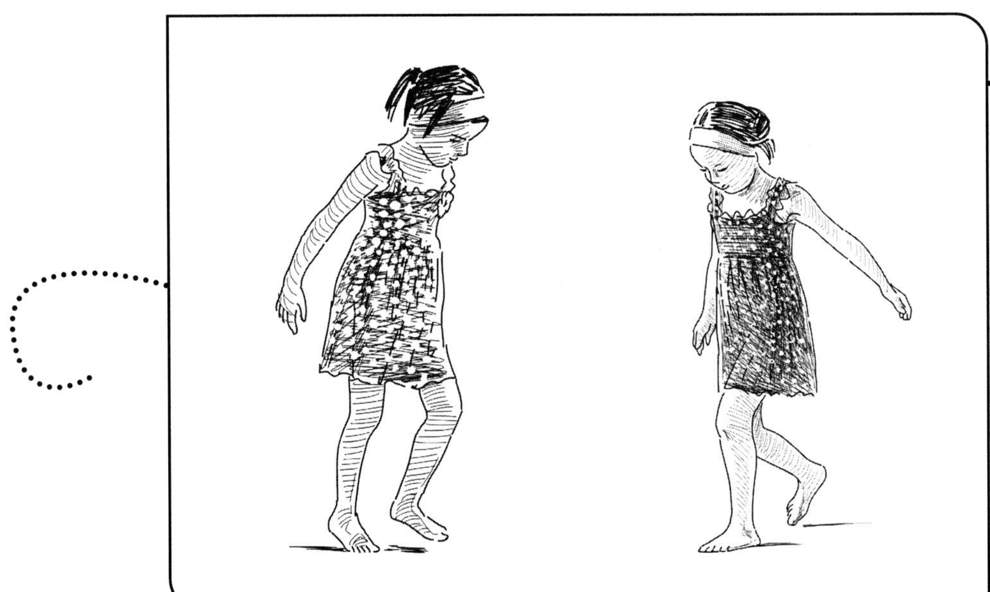

Riesenseifenblasen (ab 4 Jahren)

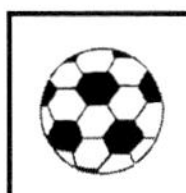

Material:
Seifenblasenstäbe: 1 Baumwollkordel (ca. 1,5 m), Gummibänder, Bambusstäbe
Seifenblasenlösung: 1 Liter lauwarmes Wasser, Spülmittel, Puderzucker, Esslöffel, kleine Wanne

Vorbereitung:

Seifenblasenstab:
1. Die Baumwollkordel wird unten zusammengeknotet.
2. Sie wird so zu einem Dreieck gelegt, dass sich der Knoten unten befindet.
3. Die beiden oberen Ecken werden so zusammengeknotet, dass zwei Schlaufen entstehen.
4. Durch jede Schlaufe wird ein Bambusstab gesteckt. Mit den Gummibändern werden die Schlaufen an den Bambusstäben befestigt.

Seifenblasenlösung:
1. In eine Schüssel wird 1 Liter lauwarmes Wasser geschüttet.
2. Dazu werden 4 EL Spülmittel sowie 4 EL Puderzucker hinzugegeben.
3. Die Flüssigkeit wird gut durchgerührt und anschließend in eine Wanne geschüttet.

Arbeitsanleitung:
1. Die Kinder tauchen ihre Seifenblasenstäbe in die Seifenblasenlösung ein. Achten Sie darauf, dass die Schnur komplett in der Seifenblasenlösung liegt. Die Kinder sollen sie ruhig in der Lösung etwas hin und her bewegen.
2. Wenn die Seifenblasenlösung überall im Kordeldreieck verteilt ist, drehen sich die Kinder vorsichtig – aber nicht zu langsam – im Kreis, sodass die Seifenblasen durch die Luft fliegen können, die durch die Bewegung entsteht.
   Größere Kinder können auch nur ihre Arme bewegen.

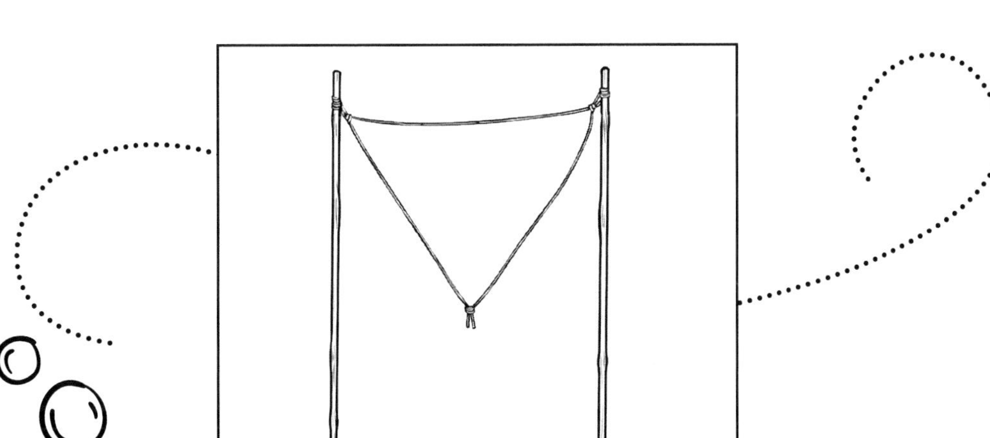

Kastanienwurfbälle (ab 3 Jahren)

Material:
Kastanien, 1 Handbohrer, Krepppapier, Scheren, 1 Schraubendreher

Arbeitsanleitung:
1. In die Oberseite der Kastanie wird mit Ihrer Hilfe mit dem Handbohrer ein Loch gebohrt.
2. Das Krepppapier wird in dünne Streifen geschnitten.
3. Die Kreppbänder werden vorne zusammengedreht und in das Loch gesteckt.
   Hierzu kann ein Schraubendreher zur Hilfe genommen werden.
4. Gemeinsam denken sich die Kinder lustige Spiele für ihre Kastanienwurfbälle aus.

Blattsauger-Spiel (ab 2 Jahren)

Material:
Blätter, Trinkhalme, Schüsseln

Vorbereitung:
Die Blätter werden ausgelegt und die Schüsseln bereitgestellt.

Spielanleitung:
Die Kinder saugen die Blätter mit dem Trinkhalm an und transportieren sie so in die Schüssel.
Die Hände dürfen dabei nur den Trinkhalm berühren.

Tipp: Es können zwei Mannschaften gegeneinander antreten.

BVK • Svenja Ernsten: Kita aktiv „Projektmappe Unser Garten“

Ringel, Ringel, Reihe (ab 2 Jahren)

Arbeitsanleitung:

1. Drei Kinder fassen sich an den Händen und tanzen im Kreis.
2. In der zweiten Zeile bei „Sitzen […]“ hocken sich die Kinder hin.
3. Bei der zweiten Strophe tanzen die Kinder dann zuerst wieder im Kreis.
4. Auch hier wird sich beim letzten Satz hingesetzt.

Text und Melodie: Volksgut

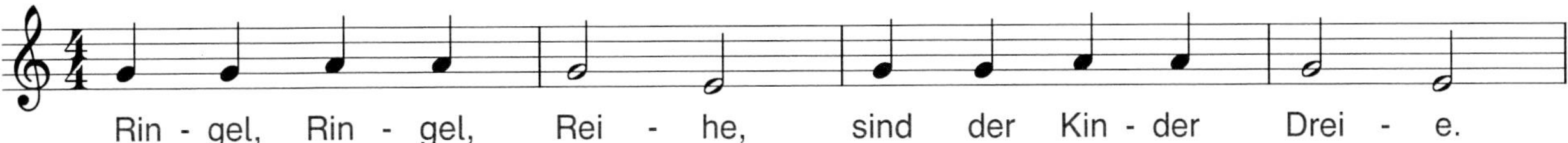

2. Strophe

Ringel, Rangel, Rose,
schöne Aprikose,
Veilchen und Vergissmeinnicht,
alle Kinder setzen sich.

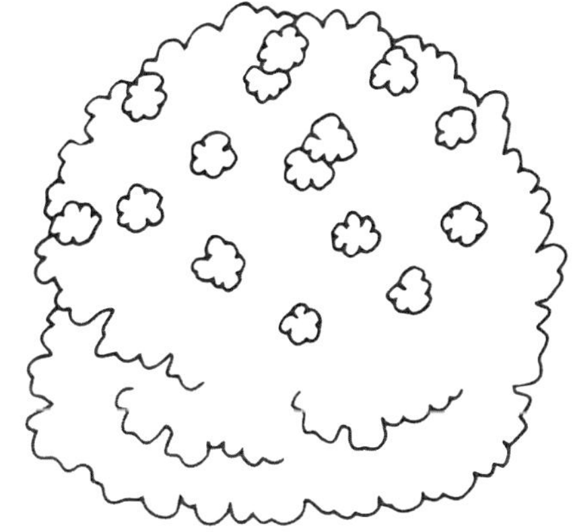

Bäumchen, wechsel dich (ab 3 Jahren)

Material:
Hula-Hoop-Reifen o. Ä.

Vorbereitung:
Die Reifen werden auf den Boden ausgelegt. Sie sollen die Bäume darstellen.
Es wird ein Reifen weniger ausgelegt, als Kinder mitspielen.

Spielanleitung:
1. Die Kinder stellen sich in ihre Reifen. Ein Kind hat keinen Reifen.
2. Beim Ausruf „Bäumchen, wechsel dich!" läuft jedes Kind zu einem anderen Reifen.
3. Das Kind, das übrigbleibt, darf als nächstes „Bäumchen, wechsel dich" rufen.

Dreibeinlauf (ab 4 Jahren)

Material:
Tücher, Pylonen, Stangen

Vorbereitung:
Mit den Seilen wird eine Start- und eine Ziellinie markiert.
Aus den Pylonen und den Stangen soll ein kleiner Parcours aufgebaut werden.
Die Pylonen können dafür aufgestellt und die Stangen in die Erde gedrückt werden.
Jeweils zwei Kinder spielen zusammen und stellen sich nebeneinander auf.
Die beiden inneren Beine der Kinder werden mit einem Tuch zusammengebunden.

Spielanleitung:
Die Kinder versuchen, im Dreibeinlauf den kleinen Parcours zu durchlaufen.